LA PRINCESSE D'ELIDE,

Comedie heroïque mélée de Musique, & d'Entrées de Ballet.

A PARIS,
Par CHRISTOPHE BALLARD, seul Imprimeur du Roy pour la Musique.

M. DC. XCII.
Par exprés Commandement de Sa Majesté.

LA PRINCESSE D'ELIDE,

Comedie heroïque mêlée de Musique, & d'Entrées de Ballet.

PREMIERE IMTERMEDE.

L'Ouverture se fait par un grand Concert d'Instruments.

RECIT DE L'AURORE,
Madame de la Lande.

Quand l'Amour à vos yeux offre un choix agreable,
Jeunes beautez laissez-vous enflamer:
Mocquez vous d'affecter cét orgüeil indomptable
Dont on vous dit qu'il est beau de s'armer:
Dans l'âge où l'on est aymable
Rien n'est si beau que d'aymer.

A ij

Soûpirez librement pour un amant fidelle,
Et bravez ceux qui voudroient vous blâmer;
Un cœur tendre est aymable, & le nom de cruelle
 N'est pas un nom à se faire estimer :
  Dans le temps où l'on est belle
  Rien n'est si beau que d'aymer.

Autre Recit Burlesque de Lyciscas, & de trois Valets de Chien, chantans.

  Lyciscas. Monsieur la Torilliere.

  Valets de Chien, chantans.
Messieurs Morel, Matho, & Bastaron.

Ces trois Valets de Chien, Musiciens, couchez au milieu du Theatre, se réveillent, & pour réveiller aussi Lyciscas leur camarade, chantent les paroles suivantes.

Hola ? hola ? debout, debout, debout :
Pour la Chasse ordonnée, il faut preparer tout :
Hola ? ho ! debout, viste, debout.

  Premier Valet.

Jusqu'aux plus sombres lieux le jour se communique.

  Second Valet.

L'air sur les fleurs en perles se resout.

Troisiéme Valet.
Les Rossignols commencent leur Musique,
Et leurs petits concerts retentissent par tout.
Tous ensemble.
Sus, sus debout, viste debout?
Qu'est-cecy, Lyciscas, quoy? tu ronfles encore, Parlant à Lyciscas qui dormoit.
Toy qui promettois tant de devancer l'Aurore?

Allons debout, viste debout,
Pour la Chasse ordonnée il faut preparer tout,
Debout, viste debout, depêchons, debout.
LYCISCAS en s'eveillant.
Par la morbleu vous estes de grands braillars, vous autres, & vous avez la gueule ouverte de bon matin?
MUSICIENS.
Ne vois-tu pas le jour qui se répand par tout?
Allons debout, Lyciscas debout.
LYCISCAS.
Hé! laissez-moy dormir encore un peu, je vous conjure?
MUSICIENS.
Non, non debout, Lyciscas debout.
LYCISCAS.
Je ne vous demande plus qu'un petit quart d'heure.

MUSICIENS.
Point, point debout, viste debout.
LYCISCAS.
Hé! je vous prie?
MUSICIENS.
Debout.
LYCISCAS.
Un moment.
MUSICIENS.
Debout.
LYCISCAS.
De grace.
MUSICIENS.
Debout.
LYCISCAS.
Eh!
MUSICIENS.
Debout.
LYCISCAS.
Je.........
MUSICIENS.
Debout.
LYCISCAS.
J'auray fait incontinent.
MUSICIENS.
Non, non debout, Lyciscas debout:
Pour la Chasse ordonnée, il faut preparer tout;
Viste debout, depêchons debout.

LYCISCAS.

Et bien laiſſez-moy, je vais me lever : Vous eſtes d'êtranges gens de me tourmenter comme cela : Vous ſerez cauſe que je ne me porteray pas bien de toute la journée ; car, voyez-vous, le ſommeil eſt neceſſaire à l'homme, & lorſqu'on ne dort pas ſa refection, il arrive … que … on eſt ….

Premier Valet.
Lyciſcas.
Second Valet.
Lyciſcas.
Troiſiéme Valet.
Lyciſcas.
Tous enſemble.
Lyciſcas.

LYCISCAS.
Diable ſoit des brailleurs, je voudrois que vous euſſiez la gueule pleine de boüillie bien chaude.

MUSICIENS.
Debout, debout viſte debout, depêchons debout.

LYCISCAS.
Ah ! qu'elle fatigue de ne pas dormir ſon ſou.

Premier Valet.
Hola ? oh.
Second Valet.
Hola ? oh.

Troisiéme Valet.
Hóla ? oh.
Tous enſemble.
Oh ! oh ! oh ! oh ! oh.

LYCISCAS.

Oh ! oh ! oh ! oh ! oh. La peſte ſoit des gens avec leurs chiens de hurlemens, je me donne au Diable ſi je ne vous aſſomme. Mais voyez un peu quel diable d'entouſiâme il leur prend, de me venir chanter aux oreilles comme cela, je....

MUSICIENS.
Debout.

LYCISCAS.
Encore.

MUSICIENS.
Debout.

LYCISCAS.
Le Diable vous emporte.

MUSICIENS.
Debout.

LYCISCAS en ſe levant.

Quoy toûjours ? a-t'on jamais vû une pareille furie de chanter ? Par le ſang bleu j'enrage, puiſque me voilà éveillé il faut que j'éveille les autres, & que je les tourmente comme on m'a fait. Allons ho ? Meſſieurs, debout, debout,
viſte

viste c'est trop dormir. Je vais faire un bruit
de Diable par tout, debout, debout, debout;
Allons viste, ho! ho! ho? Debout, debout,
pour la Chasse ordonnée il faut preparer tout,
debout, debout, Lyciscas debout? ho! ho! ho!

Lyciscas s'estant levé avec toutes les peines
du monde, va crier aux oreilles des huit autres
Valets endormis, qui dancent une Entrée.

Huit Valets de Chien dançans.
Messieurs Favier l'aîné, Pecourt, Faüre, Létang,
Magny, Bouteville, Dumirail & Germain.

LE PREMIER ACTE
de la Comedie.

SECOND INTERMEDE.

Moron demeurant pour s'entretenir avec
les Arbres & les Rochers, & se joüant
avec l'Echo, est interrompu par un Ours qui
le poursuit, & s'en estant delivré, trouve quatre Valets de Festes qui dancent, & tandis qu'il
les regarde, il sort quatre Joüeurs de Flûtes
qui le veulent obliger à tenir leur papier de
Musique.   B

Quatre Valets de Festes dançans.

Messieurs Favier l'aîné, Létang, Bouteville & Dumirail.

Quatre Joüeurs de Flûtes.

Messieurs Pieche l'aîné, Pieche cadet, Philidor l'aîné & Desjardins.

LE DEUXIEME ACTE
de la Comedie.

TROISIE'ME INTERMEDE.

Moron veut obliger Philis, qu'il aime, à demeurer avec luy. Elle n'y veut point consentir, qu'à condition qu'il ne dira mot, ce qu'il observe un peu de temps ; mais comme il veut rompre son silence, elle s'enfuit & l'oblige, pour apprendre à chanter, d'aller trouver un Satyre Musicien qui luy chante ces deux Chansons.

UN SATYRE MUSICIEN. Monsieur Bastaron.

*JE portois dans une cage
Deux moyneaux que j'avois pris ;
Lorsque la jeune Cloris
Fit dans un sombre boccage
Briller à mes yeux surpris,
Les fleurs de son beau visage :*

Helas! dis-je aux moyneaux, en recevant les coups
De ſes yeux ſi ſçavans à faire des conqueſtes,
   Conſolez-vous, pauvres petites beſtes,
Celuy qui vous a pris eſt bien plus pris que vous.

     Dans vos chants ſi doux,
     Chantez à ma belle,
     Oyſeaux, chantez tous
     Ma peine mortelle :
     Mais ſi la cruelle
     Se met en couroux
     Au recit fidelle
   Des maux que je ſens pour elle;
     Oyſeaux, taiſez-vous.
     Oyſeaux, taiſez-vous.

Moron & le Satyre ſe querellent en ſuite; mais leur combat eſt interrompu par quatre Satyres qui viennent les ſeparer.

Quatre Satyres dançans.

Meſſieurs Mayeu, Joubert, Germain & Barazé.

LE TROISIE'ME ACTE
de la Comedie.

QUATRIE'ME INTERMEDE.

Philis louë la voix de Tircis son amant, ce qui l'oblige à luy chanter ces paroles.

TIRCIS. Monsieur Matho.

TU m'écoutes, helas! dans ma triste langueur,
Mais je n'en suis pas mieux, ô beauté sans pareille!
 Et je touche ton oreille,
 Sans que je touche ton cœur.

Moron les vient surprendre, mais Philis luy impose silence pour écouter cette Chanson du Berger Tircis.

Arbres épais, & vous prez émaillez,
La beauté dont l'Hyver vous avoit dépoüillez,
 Par le Printemps vous est renduë,
 Vous reprenez tous vos appas;
 Mais mon ame ne reprend pas
 La joye, helas! que j'ay perduë.

Moron sollicité par l'exemple se hazarde à chanter cette Chanson qu'il a faite pour Philis.

MORON.

TOn extrême rigueur
S'acharne sur mon cœur,
Ah! Philis, je trépasse!
Daignes me secourir?
En seras-tu plus grasse
De m'avoir fait mourir?

Six Bergers déguisez en fous avec des marottes paroissent pour se mocquer de Moron.

Six Bergers fous dançans.

Messieurs Pecourt, Létang, Faüre, Magny,
Bouteville & Germain.

LE QUATRIEME ACTE
de la Comedie.

CINQUIEME INTERMEDE.

La Princesse pour chasser son inquietude oblige les Bergers à luy chanter les Airs suivans.

UNE BERGERE CHANTANTE SEULE,
Madame de la Lande.

AH! mortelles douleurs!
Qu'ay-je plus à pretendre?

Coulez, coulez mes pleurs,
Je n'en puis trop répandre.

Pourquoy faut-il qu'un tyrannique honneur
Tienne nostre ame, en esclave, asservie ?
Helas ! pour contenter sa barbare rigueur
J'ay reduit mon Amant à sortir de la vie.
  Ah ! mortelles douleurs !
  Qu'ay-je plus à pretendre ?
  Coulez, coulez mes pleurs.
  Je n'en puis trop répandre.

Me puis-je pardonner dans ce funeste sort
Les severes froideurs dont je m'étois armée ?
Quoy donc, mon cher Amant, je t'ay donné la
  mort,
Est-ce le prix, helas ! de m'avoir tant aimée ?
  Ah ! mortelles douleurs, &c.

La Princesse interrompt la Bergere en cet endroit, & dit ; Achevez seules, si vous voulez, je ne sçaurois demeurer en repos ; & quelque douceur qu'ayent vos chants, ils ne font que redoubler mon inquietude.

DIALOGUE DE CLIMENE
ET DE PHILIS.

La Prince se retire

CLIMENE.

CHere Philis, dis-moy, que crois-tu de l'Amour ?

PHILIS.

Toy même qu'en crois-tu, ma compagne fidelle ?

CLIMENE.

On m'a dit que sa flame est pire qu'un Vautour,
Et qu'on souffre en aimant une peine cruelle.

PHILIS.

On m'a dit qu'il n'est point de passion plus belle,
Et que ne pas aimer, c'est renoncer au jour.

CLIMENE.

Qu'en croirons-nous ? ou le mal ou le bien ?

CLIMENE ET PHILIS
ensemble.

Aimons, c'est le vray moyen
De sçavoir ce qu'on en doit croire.

PHILIS.

Cloris vante par tout l'Amour & ses ardeurs.

CLIMENE.

Amaranthe pour luy verse en tous lieux des larmes.

PHILIS.

Si de tant de tourmens il accable les cœurs,
D'où vient qu'on aime à luy rendre les armes ?

CLIMENE.

Si sa flâme, Philis, est si pleine de charmes,
Pourquoy nous deffent-on d'en goûter les douceurs?

PHILIS.

A qui des deux donnerons-nous victoire?

CLIMENE.

Qu'en croirons-nous? ou le mal ou le bien?

Ensemble.

Aimons, c'est le vray moyen
De sçavoir ce qu'on en doit croire.

Six Pastres entendans la voix des Bergeres s'approchent, & joignent leurs dances à leurs voix.

Six Pastres dançans.

Messieurs Faüre, Magny, Bouteville. Dumirail, Germain & Barazé.

LE CINQUIE'ME ACTE
de la Comedie.

SIXIE'ME ET DERNIER INTERMEDE.

Quelques Bergers & Bergeres du Pays en réjoüissance du changement du cœur de la Princesse, celebrent par des dances & des Chansons le pouvoir de l'Amour.

CHANSON.

Usez mieux, ô beautez fieres !
Du pouvoir de tout charmer;
Aimez, aimables Bergeres,
Nos cœurs sont faits pour aimer : *Au doux chant de cette Gavotte quatre Bergers dancent.
Quelque fort qu'on s'en deffende,
Il y faut venir un jour :
Il n'est rien qui ne se rende
Aux doux charmes de l'Amour.

Songez de bonne heure à suivre
Le plaisir de s'enflamer,
Un cœur ne commence à vivre
Que du jour qu'il sçait aimer :

C

Quelque fort qu'on s'en deffende,
Il y faut venir un jour :
Il n'est rien qui ne se rende
Aux doux charmes de l'Amour.

SYLVIE Madame de la Lande.

Icy l'ombre des ormeaux
Donne un teint frais aux herbettes,
Et les bords de ces ruisseaux
Brillent de milles fleurettes
Qui se mirent dans les eaux.
Prenez, Bergers, vos musettes,
Ajustez vos chalumeaux,
Et mêlons nos Chansonnettes
Aux chants des petits oyseaux.

 On dance en cét endroit.

Le Zephire entre ces eaux,
Fait mille courses secrettes,
Et les Rossignols nouveaux
De leurs douces amourettes
Parlent aux tendres rameaux.
Prenez, Bergers vos Musettes,
Ajustez vos chalumeaux,
Et mêlons nos Chansonnettes
Aux chants des petits oyseaux.

Quatre Bergers * Galants mêlent leurs pas à tout cecy, & occupent par leurs dances les yeux, tandis que la Musique occupe les oreilles.

*Messieurs F̄vier l'aîné, F̄vier cadet, Magny, & Fatire.

CLIMENE. Mademoiselle Chappe.

Ah! qu'il est doux belle Sylvie,
Ah! qu'il est doux de s'enflamer;
Il faut retrancher de la vie
Ce qu'on en passe sans aymer.

SYLVIE. Mademoiselle Varango.

Ah! les beaux jours qu'Amour nous donne,
Lorsque sa flame unit les cœurs;
Est-il ny gloire ny couronne
Qui vaille ses moindres douceurs?

TIRCIS. Monsieur Matho.

Qu'avec peu de raison on se plaint d'un martyre
Que suivent de si doux plaisirs.

PHILENE. Monsieur Guillegault.

Un moment de bon-heur dans l'amoureux empire
Repare dix ans de soûpirs.

Tous ensemble.

Chantons tous de l'Amour le pouvoir adorable,
Chantons tous dans ces lieux
Ses attraits glorieux;
Il est le plus aimable,
Et le plus grand des Dieux.

CHACONNE.

Un Berger seul dançant.
Monsieur de Beauchamp.

Huit Bergers dançants.
Messieurs Favier l'aîné, Favier le cadet, Magny, Bouteville, Létang, Faüre, Germain, & Dumirail.

FIN.

www.ingramcontent.com/pod-product-compliance
Lightning Source LLC
Chambersburg PA
CBHW071427060426
42450CB00009BA/2064